# ACTION UND FUN PART II

## THE SOLUTION THERAPY

FÜR MEINEN EHEMANN

AUTORIN / BILDER /
COVER

TANJA FEILER

INTRO

DAMIT SIE WISSEN MIT WEM
SIE ES ZU TUN HABEN

VERHEIRATET MIT DEM
BUCHAUTOR DIRK L. FEILER,
THERAPEUTIN UND AUTORIN.
BERUFLICHE LAUFBAHN IN
MIKRO INFOSTIL:
  −3 JAHRE BEREICH
  FABRIKARBEIT, SCHUHE −

DAZU GEHÖRTEN ARBEITEN WIE SCHIMMEL ENTFERNEN, SCHUHE UMPACKEN — KNOCHENARBEIT, DOCH INERHALB VON 6 MONATEN 24 KG GEWICHT WEG

—5 JAHRE FREIE MITARBEITERIN ZEITUNG BEREICH KULTUR, SCHWERPUNKT INTERVIEWS, BERICHTE...JA UND AUCH CELEBRITIES

KENNENGELERNT

—AUSBILDUNG ZUR
ERGOTHERAPEUTIN,
NOTENDURCHSCHNITT
GUT, ANGEWANDTE
THERAPIE: SEHR GUT

—7,5 JAHRE
SOZIALPSYCHIATRISCHE
EINRICHTUNG MIT
EIGENEM ARBEITSBEREICH

50 SCHÜLERINNEN
AUSGEBILDET BR ARBEIT
UND ZUSATZ IPT — WAF UND
PSYCHOEDUKATIONSTHERAPE

UTIN...

—SEIT 2013 AUTORIN

—500 BÜCHER

GESCHRIEBEN UND

PUBLIZIERT

AUTORENPROFIL:

HTTP://AMAZON.COM/A
UTHOR/TANJAFEILER

IN PART I RATGEBERBUCH DURCH ABENTEUER THERAPIE SOWOHL DIE ABENTEUER ALS AUCH DIE SOLUTION THERAPIE SIND VON MIR ENTWICKELT WORDEN, WISSENSCHAFTLICHE FORSCHUNG, FELDFORSCHUNG UND NATÜRLICH GETESTET BZGL. WIRKSAMKEIT AN MEINEM MANN UND MIR

# ...SO JETZT GEHT'S LOS

# 1. SOLUTION THERAPIE FÜR FRAUEN

WAS TUN GEGEN ANGESTAUTE WUT, ZORN, ÄRGER, EIFERSUCHT UND WIE DA NOCH ACTION UND FUN HABEN? JEDE FRAU HAT DAS DOCH SCHON ERLEBT GERADE IM INTERNET, DA SIND SIE, ICH MEINE JETZT NICHT DIE STARS, SONDERN NORMALE FRAUEN, JEDOCH

DURCH GROSSE ATTRIBUTE GEFALLEN SIE IHREM EHEMANN. ES GEHT HIER NICHT UM DAS HEIMLICHE GETUE, KAUM IST DIE FRAU Z.B. BEIM EINKAUFEN STÜRZT SICH IHR EHEMANN INS INTERNET UND MUSS UNTER ENORMEM ZEITDRUCK SICH DEM SCHÖNEN ZUWENDEN. SIND ES BILDER ODER LIVE CAMS — DAS ERGEBNIS IST DAS SELBE. EINE FREUNDIN HAT MIR

BERICHTET, SIE HABE IHREN FREUND „ERWISCHT" BEIM ONLINE BEDINGTEN MASTUBIEREN, WAS SIE SCHOCKIERT HAT. MEIN MANN UND ICH HABEN DIE ERSTEN NEUN JAHRE DER EHE GELEGENTLICH PORN. FILME ANGESCHAUT, WODURCH ICH EINE MIR BIS DAHIN UNBEKANNTE SEXUELLE VARIANTE KENNEGELERNT HABE: DEEPTHROAT. DA ICH

SACHEN WIE VIBRATOREN, DILDOS ETC. ABLEHNE, DA ICH DER MEINUNG BIN, ES IST MENSCHENVERACHTEND DEM MANN GEGENÜBER, ICH FIND DAS WIDERLICH HABE ICH DREI MONATEN MIT BANANEN TRAINIERT — DIE TECHNIK NATÜRLIICH PERFEKTONIERT, BESSER ALS DIE IM FILM. SOWEIT O.K. MEIN MANN UND ICH HABEN EINEN KLEINEN FÜNF MINUTEN PORNO GEDREHT,

DA SIEHT MAN MICH KNIEEND VOR MEINEM MANN, ER GEKLEIDET IN SCHWARZER LEDERHOSE, DER OBERKÖRPER UND DAS GESICHT SIEHT MAN NICHT. VERÖFFENTLICHT BEI EINER SONDERFORM WIE YOUTUBE. 2011 HABEN DIE SICH UMGENANNT, ANGEBLICH KÄME MAN MIT SEINEN FRÜHEREN DATEN NOCH IN SEINEN ACCOUNT, WAS EINE FEHLINFO IST. ALSO KANN

ICH NICHT MEHR BZGL. DES ERFOLGES BERICHTEN, WIR HABEN UNS NICHT MEHR DARUM GEKÜMMERT. SEIT 2011 SEHEN WIR UNS KEINE PORN. FILME MEHR AN, AUCH KEINE BILDER ÜBER SEX. HANDLUNGEN ZWISCHEN MANN UND FRAU — ICH SELBST BIN SO RADIKAL GEWORDEN, DASS ICH WEGSEH, WENN EIN NACKTER FREMDER MENSCH AUFTAUCHT IM NETZ, ALSO

EIN MANN. DAS HAT SEINE GRÜNDE. DANN HABE ICH LINDSAY KENNENGELERNT. SIE TANZT ZUR MUSIK UND ZIEHT SICH EROTISCH AUS. DAS GEFIEL MIR — UNS, SEIT VIELEN JAHREN TANZT LINDSAY FÜR UNS — IM HINTERGRUND, DENN BASIS SIND 3000 BILDER, DIE MEIN MANN UND ICH ZUSAMMEN ODER JEDER FÜR SICH AM PC GESAMMELT HABEN ZU EINER

FOTOKOLLEKTION, DIE HEISST MÄDCHEN. SIE SEHEN KEINE SEXUELLEN HANDLUNGEN, JEDOCH Z.B. MEHRERE NACKTE FRAUEN, DIE EIN GRUPPENBILD GEMACHT HABEN ODER ZWEI FRAUEN, DIE SICH AN DIE BRUST FASSEN — DIE BILDER SIND ÄSTHETISCH UND HABEN EINE GUTE QUALITÄT, DA GIBT'S Z.B. DIE LEZ CUTIES, DAS SIND GANZ NIEDLICHE. OFFENHEIT

IST DAS ZAUBERWORT.
CHATURBATE FEMALE IST
SEIT KURZEM UNSER
FAVORIT. SO UND JETZT
KOMMTS: SIE SEHEN EINE
NACKTE FRAU, DIE SICH VOR
DER KAMERA RÄCKELT ODER
EINFACH NUR OBEN OHNE
TIPPT — MANCHMAL KÖNNEN
SIE GUTEN TAG SAGEN, BEI
ANDEREN GEHT DAS NICHT
OHNE TOKENS, DAS IST
DEREN SPEZIELLE
GELDWÄHRUNG. ICH SEH MIR

DIE SEITE GERN ZAPPEND
ZWISCHENDURCH AN OHNE
JEMAND BESTIMMTES
ANZUCLICKEN. ZUSAMMEN
MACHEN WIR DAS AUCH UND
ALSO JETZT KOMMTS
WIRKLICH: IHREM MANN
GEFÄLLT EINE FRAU MIT
GROßEN ATTRIBUTEN.
JEDENFALLS IST IHNEN DIE
PERSON SOFORT
UNSYPMPHATISCH. GLOTZT
NUR DOOF IN DIE KAMERA
UND TIPPT, AB UND ZU

LÜFTET SIE IHRE BLUSE.
DANN LACHT SIE. IN IHNEN
BEGINNT ES ZU BRODELN.
WILLST DU DICH VON
ETWAS TRENNEN MUSST DU
ES VERBRENNEN. ALSO: SIE
SPEICHERN SICH DAS BILD
DER FAU AUF IHREM PC AB
UND MIT PHOTOFONIA, EINEM
BILDBEARBEITUNGSPROGRAM
M STEHT BESAGTE FRAU,
FÜR DIE SIE MINDESTENS
2000 NEGATIVE GEDANKEN
HEGEN IN FLAMMEN.

VERBRENNEN SIE ALLE
LEUTE, DIE IN IHNEN DAS
AUSLÖSEN, DANN IST DAS
LEID ERST MAL WEG —
NATÜRLICH PER
PHOTOBILDBEARBEITUNG.
MACHEN SIE SICH KEINEN
KOPF, DENKEN SIE DARAN:
ES GIBT SINNLOSE
ONLINEGEWALTSPIELE
BEREITS FÜR KIDS, DIE SICH
ZERBOMBEN, KRIEG FÜHREN
ETC. VÖLLIG OHNE GRUND.
EINMAL HABE ICH VOR

JAHREN MIT DEM ZIVI DER SOZIALPSYCHIATRISCHEN EINRICHTUNG VIA PLAY STATION EIN GEWALTSPIEL GESPIELT, ALSO ECHT. NICHT GUT. O.K. ALSO DAS WEIB IST VERBRANNT UND IHNEN GEHT'S BESSER. JETZT FOLGT NATÜRLICH STUFE 2, DA SIE NICHT STÄNDIG MENSCHEN VERBRENNEN WOLLEN, DAS IST ZEITLICH ZU AUFWENDIG UND KOSTET STROM.

BLEIBEN SIE COOL UND ANALYSIEREN DAS GANZE, SPRECHEN SIE MIT IHREM MANN, FREUND, PARTNER DARÜBER. ERZÄHLEN SIE OFFEN, WIE SIE SICH FÜHLEN, DOCH RUHIG UND SACHLICH — DIE VERFLUCHUNGEN HABEN SIE JA BEREITS VERBRANNT. DAS IST SOLUTION 1 FÜR FRAUEN.

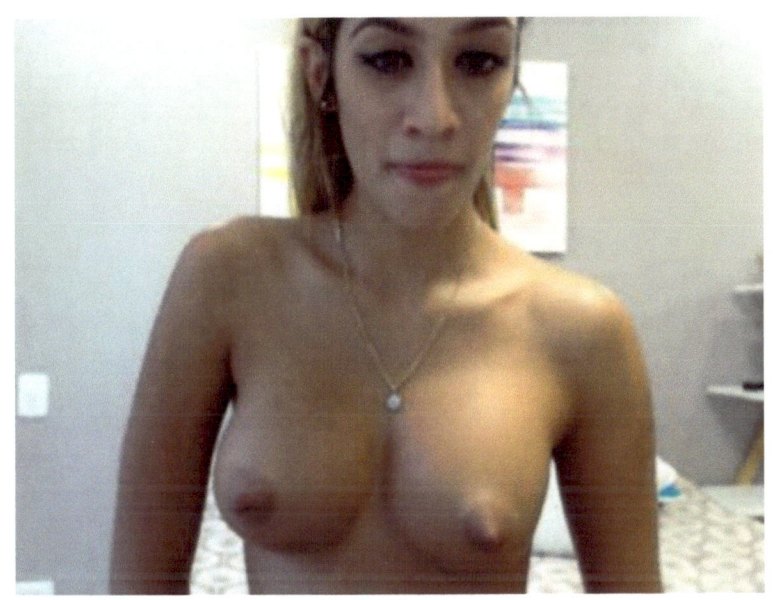

VORHER

25

NACHHER

## 2. SOLUTION THERAPIE FÜR ALLE MENSCHEN

THERAPIE BEI AGONIE:

SIE VERFALLEN IN AGONIE, DIE GRÜNDE SPIELEN KEINE ROLLE, ES GIBT ZUVIELE GRÜNDE DEN KNOTEN DER TODESSEHNSUCHT IM KOPF ZU HABEN. ES IST EIN WIDERLICHER BEGLEITER DER DEPRESSION UND SCHLEICHT SICH IN DEN KOPF.

TODESSEHNSUCHT,
NATÜRLICH NICHT WIRKLICH
WOLLEN SIE DAS, DOCH IN
IHREM KOPF SPUKEN
GEDANKEN UMHER.
NACH DIESER THERAPIEFORM
WERDEN SIE 100 PROZENT
BEFREIT SEIN VON DEM
KLEINSTEN
AGONIEGEDANKEN: LASSEN
SIE SICH ERMORDEN —
WENN EINEM EIN KISSEN AUF
DAS GESICHT GEDRÜCKT
WIRD, GESTRAMPEL HILFT

NICHT, DIE LUFT WIRD KNAPP
– ERWÜRGEN GEHT AUCH –
DOCH BASIS IST
MEDIZINISCHES WISSEN UND
NATÜRLICH IM RAHMEN EINES
ROLLENSPIELS MIT EINER
IHNEN ABSOLUT
VERTRAUTEN PERSON, DIE
ÜBER PSYCHOLOGISCHE UND
MEDIZINISCHE KENNTNISSE
VERFÜGT. DOCH ES BLEIBT
TROTZDEM EIN RESTRISIKO,
WIE BEI EINER OP BZGL.
NARKOSE. 1 VON X

PATIENTEN WACHT NICHT MEHR AUS DER NARKOSE AUF ODER DIE OP LÄUFT SCHIEF. ALS VERGLEICH, UM IHNEN DEN SCHRECKEN DIESER THERAPEUTISCHEN MAßNAHME ZU NEHMEN. AM NÄCHSTEN TAG IST DIE LEBENSFREUDE DA UND DIE GEWISSHEIT, DAS NICHT MEHR ERLEBEN ZU WOLLEN.

THERAPIE BEI HASS AUF
MENSCHEN (HINTERGRUND
SPIELT KEINE ROLLE, HASS,
WUT, SIE HASSEN)

ICH EMPFEHLE IHNEN, SICH
VORHER BEI GOTT ZU
ENTSCHULDIGEN, DA REICHT
DER SATZ: ES IST NUR EINE
THERAPIEFASSNAHME, DAS
WILL ICH NICHT WIRKLICH.
ODER SAGEN SIE ES SICH
ZU SICH BZGL. DER 10
GEBOTE ZU SOLLST NICHT

TÖTEN...

ALSO: STELLEN SIE SICH EINE SPEICHER TREPPE VOR – PERSON X GEHT DIE TREPPE RAUF MIT DEM ZIEL SICH AUF DEM SPEICHER ZU ERHÄNGEN. DOCH DANN KOMMT PHASE ZWEI: LASSEN SIE NICHT ZU, DASS ER DAS TUT, DAS BEDEUTET, ER WIRD NICHT DIE TÜR ÖFFNEN UND SIE WERDEN NICHT „ZEUGE" DES FIKTIVEN SELBSTMORDES.

SOFORT IST DER HASS WEG, DA SIE SICH SELBST PROGRAMMIEREN, EIN GEDANKENSPIEL ZUR BEWÄLTIGUNG ZU MACHEN. DANN EMPFEHLE ICH EIN LIED: HALT VON RAMMSTEIN. SIE WERDEN INERLICH LÄCHELN, DIE MUSIK GENIEßEN UND IRGENDWANN BRAUCHEN SIE DIESE MEDIEN NICHT MEHR, UM DIE ZORN GEDANKEN ZU VERARBEITEN. DAS GEHT DANN VON

SELBST. ES GEHT DARUM,
DASS SIE SICH NICHT
QUÄLTEN, DENN HASS
MACHT NICHT GLÜCKLICH.
ZIEL IST ACTION UND FUN,
DER NICHT VON ANDEREN
ABHÄNGIG SEIN SOLL.

BESONDERS    DANKE    ICH
MEINEM  MANN

# HELFT EINANDER

www.ingramcontent.com/pod-product-compliance
Lightning Source LLC
Chambersburg PA
CBHW040316010626
45792CB00022B/589